위대한 선물

밥... 전부 거짓말이었어? ... 뭐라구? 더러운 놈!
◎!!!☆☆! 너 같은 놈 정말 싫어!
닥쳐!... 이제 내게 아무 말도 하지 마!
죽어 버려! 이 돼지야!
쾅!
무슨 일이야? 남자 친구가
헤어지자고 했어?
비켜, 모두 가만두지
않을거야!
무슨 일이야?
끼이이이익!
죽으려고
작정했군!
그랬으면 좋겠어.
이봐! 돌아와!.... 깨진 유리창 수리비
줘야지!
우당탕!

이제 이 더러운 세상에서 믿을 건 아무것도 없어!
아빠 엄마는 이혼한다 그러지...
나는 퇴학당하게 생겼지...
그 인색한 생리학 교수는 F 학점이나 주고 앉아 있지...
그리고... 그렇게나 믿었던 약혼자까지도...
미시간에 있는 옛날 여자 친구와 결혼하겠다고 하지...!
그래, 무슨 소용이 있겠어?
아무도 나를 원하지 않아.
(흑흑) 난... 나는 이제 아무것도 해낼 수 없어!

신사분들, 저녁 식사 맛있었어요!
오히려 저희가 즐거웠습니다...!
오늘은 짐과 제가 살께요. 그러니 각자 계산 안하셔도 돼요.
팀, 당신의 단점이 뭔지 아세요? 너무 친절하다는 거예요!
이 길로 돌아 가요, 괜찮죠?
좋아요, 마침 엄마한테 드릴 물건을 사려고 했어요.
아무도 날 그리워 하지 않을 거야.
짐, 방금 저 여자 얼굴 봤어요?
아뇨, 타냐. 못봤는데요
문제가 있는 게 분명해요. 저 여자와 얘기를 해봐야 할 것 같아요.
더 이상 견딜 수 없어!
뛰어내렸어!
물에 빠져 죽을 거야!
이봐, 우리가 가자!

일 분 뒤...
못 찾았어!
이쪽을 찾아볼께!
저기에 있군!
짐, 잘했어!

타냐가 간호사인 게 얼마나 다행인지...
걱정마세요... 주님이 살려주실 거예요.
곧 괜찮아질 거예요.
우리 집으로 옮겨야겠어요.
타냐 로빈슨의 집
좀 쉬게 둬요.
당신들도 물에서 좀 다쳤군요. 이리와요, 감염되기 전에 치료를 받아야 해요.
4시간 후
누가... 누가 나를 살렸죠?
집이에요.
아주 고마워 죽겠군요!
퍽!
아야!

이봐요. 우리는 당신의 친구
가 되려는 거예요.
친구 좋아하네... 신경 좀 꺼 줘요!
적어도 이름이라도 말해
줄 수 있는거 아닌가요?
고든이에요... 마샤 고든!
그래요, 마샤... 저는 타냐예요. 그리고 이쪽은 루이스와
팀이구요. 그리고 좀 전에 말한 사람은 제임스예요.
아 지루해... 언제까지
이렇게 있어야 되지?
아, 긁힌 데가 좀 아프군.

여기 따뜻한 수프 좀 드세요. 기분이 한결 좋아질 거예요.
이 안에 뭐가 들었죠, 검둥이 아줌마? 돼지뼈와 순무인가요?
정말이지...
마샤... 잘난 척 좀 그만 해요.
마샤, 이러지 마요!... 난 당신을 사랑해요!
와우! 레즈비언에게 걸려들었네?
정말 심하군요, 마샤! 여기 있는 우리는 모두 그리스도인이라구요!
우리는 당신을 도와주려 하고 있어요.
그랬군요! 광신자들의 영웅 놀이로군요! 그리고 지금 당신은 억지로 나에게 성경을 주입시키려 하고 있어요!
하지만, 어림도 없어요! 당신은 성경으로 어떤 것도 증명할 수 없어요!... 성경은 한 권의 책일 뿐이에요!
그렇지 않아요!
내기할까요?
좋아요. 해 봐요!

마샤, 성경은 모두 66권의 책으로 이루어져 있어요. 이 책들은 2000년에 걸쳐 쓰여졌지요...
왕부터 노예에 이르기까지 다양한 사람들에 의해 쓰여졌어요.
모든 저자들은 한 가지 공통점을 가지고 있었어요. 그들은 모두 어떤 분과 특별한 경험을 했어요.
그 분은 자신을 영원하신 하나님, 온 우주의 창조주, 인류의 구원자라고 말씀하셨습니다.
마샤, 성경은 단순한 책이 아니예요. 이 66권의 책은 모두 서로 연결되어 있고, 일관된 주제로 흐릅니다.
이렇게 많은 사람들이 이렇게 오랜 시간 동안 기록한 책들이 서로 일치한다는 게 얼마나 어려운 일인지 아세요?
억만 분의 일의 확률도 안될 겁니다... 예를 들어 다섯 명에게 책을 써 보라고 하세요... 그게 일치할 것 같습니까?
성경은 기적적인 책이에요! 66권의 그 모든 책 말이에요!
좋아요! 좋아요!.. 정말 잘했어요! 당신이 증명해냈군요.

마샤, 당신이 떠날 준비가 될 때까지 이곳을 당신의 집이라고 생각해요.
주를 찬양해야겠네요.
밤낮으로 부흥회를 하게 됐으니 말예요.
자, 식사 준비가 끝났어요... 와서 들어요!
우리랑 같이 먹을 거죠, 마샤?
당연하죠!
아버지, 음식을 주셔서 감사합니다. 예수님의 이름으로 기도합니다.
에고!
미안하지만, 타냐... 나도 기도 좀 해도 될까요??
물론이죠, 마샤. 그렇게 해요.
오, 전능하신 불의 신이시여.. 이 담배에 붙일 불과 요리할 불을 주셔서 감사합니다... 아, 깜빡 잊을 뻔했네요... 태양신이시여, 제가 커피를 마실 수 있도록 커피 열매를 자라게 해주셔서 감사합니다!
난감하군... 이 여자를 어떻게 다뤄야 하지?

타냐, 냉장고에 술이 좀 있나요?
아니요, 마샤, 우린 술을 마시지 않아요.
짐한테 술을 좀 사오라고 하면 안될까요?
내가 살아난 것을 축하하기 위해 미첼랍 한 병 어때요?
마샤, 우린 그럴 수 없어요.
아하... 타냐, 당신은 내게 거짓말했어요!
당신은 나를 사랑한다고 했잖아요. 진짜로 당신이 나를 사랑한다면 내가 부탁한 것을 들어 주어야 해요. 당신은 형편없는 그리스도인이에요!
마샤, 왜 자꾸만 그런 식으로 말을 해서 날 죄짓게 하려고 하죠?
왜냐하면, 내 사전에 의하면, 당신들은 모두 독선적인 위선자들이기 때문이에요.
기도하며, 최선을 다하면서 나에게 점수를 따려고 하죠. 하지만 분명히 말하건대... 이봐요, 자매님, 난 종교를 증오해요.

음, 적어도 당신은 예수님과 공통점을
가지고 있군요.
내가 예수님과 공통점이
있다구요?
그분도 당신만큼이나 종교
를 싫어하셨어요!
마샤, 예수님에 대해
얼마나 알고 있죠?
별로... 잘 몰라요. 음... 크
리스마스에 태어났죠...
그래요, 산타클로스 같은
것들...
그리고 부활절에 죽으시고... 부활절 토
끼가 뭔 상관인지는 모르겠지만... 어쨌
든, 이것이 내가 아는 것의 전부예요!
내가 세상에 기록된 것들 중 가장 위대한
사랑 이야기를 해 줄까요?
이것은 이 세상의
창조주와 당신에
대한 이야기예요,
마샤.
사랑?... 나에게 사랑
이야기를 말한다구요?

마샤, 한때 하나님께서는 그분이 택하신 그분의 민족, 즉 유대인들과 관계를 끊어 버리신 적이 있습니다. 그들은 반역적인 민족이었기 때문입니다. 그들은 하나님의 법을 무시했고, 그래서 하나님께서는 그들을 로마 제국의 손아귀 아래서 시련을 겪도록 하셨습니다.

하나님께서 마지막 선지자를 통하여 이스라엘 자손들(유대인)에게 말씀하신 지 400년이 흘러갔습니다...
주님을 사랑했던 자들은 비통해 했습니다.

하늘 나라에서는 천사들이 술렁거리기 시작했습니다. 왜냐하면 예수 그리스도, 즉 온 우주의 창조주시며 영광의 왕이시요 하나님의 아들이시며 삼위일체의 제2위이신 그분께서 지구라 불리는 이 문제 많은 행성으로 떠나실 준비를 하고 계셨기 때문입니다.
지구는 온 우주의 관심을 끌었고... 모든 눈이 주목하고 있었습니다.

주님께서 가시기 전에 먼저 가브리엘* 천사가 지구로 갔습니다. 그가 지구로 갈 때, 그는 사탄의 영역을 통과해야 했고, 암흑의 세력이 그를 주목했습니다.
* 누가복음 1:26
저길 봐! 저 천사를 감시하도록!
그의 목적지는 예루살렘에서 북쪽으로 110km 정도 떨어진 작은 마을, 나사렛이었습니다.

한 정혼한 처녀가 그 대상이 될 줄 누가 알았겠습니까?
마리아에게 일어날 일은 인간의 역사를 바꾸어 놓을 일이었습니다.

천사 가브리엘은 갑작스럽게 마리아를 찾아왔습니다.
"기뻐하라. 은총을 받은 자여, 주께서 너와 함께하시니 너는 여자 중에서 복 받은 자로다." 누가복음 1:28
"그녀가 천사를 보고 그가 전하는 말에 몹시 당황하여 이런 인사가 어떻게 된 것인가를 생각하고 있을 때에" 누가복음 1:29
"... 보라, 네가 너의 태 안에 임신하여 한 아들을 낳으리니 그의 이름을 예수라 하라." 누가복음 1:31
"그의 왕국은 무궁하리라." 누가복음 1:33
보세요, 마샤... 마리아는 이런 일이 일어날 줄은 상상도 못했어요... 왜냐하면 마리아는 남자와 동침한 적이 없는 처녀였기 때문이에요.
그런 일은 있을 수 없어요.
그 천사가 말하기를...
"성령께서 너에게 임하실 것이며, 가장 높으신 분의 능력이 너를 덮으리니...
그러므로 너에게서 탄생하실 거룩한 이는 하나님의 아들이라 불리리라." 누가복음 1:35

이제 마리아는 아기를 가지게 되었습니다... 하지만 그녀의 결혼식은 한참 뒤였어요... 그녀는 약혼자에게 이 사실을 알려야 했습니다.
하지만 팀, 그는 그 사실을 받아들이지 않을 게 뻔해요!
얼마나 오랫동안 마리아가 이 사실을 요란한 이웃들에게 숨길 수 있겠어요? 이 사실이 알려지면 그녀는 간음죄로 고소될 게 뻔해요.
보세요, 마샤. 유대인들은 여전히 모세의 율법 아래서 살고 있었어요... 매춘*이나 간통죄*의 대가는 돌로 쳐죽이는 것이었죠.
와우... 가혹하군요.
* 신명기 22:21 ** 레위기 20:10
마리아는 요셉이라는 목수와 약혼한 상태였습니다. 그런데 그녀가 요셉에게 자신의 임신 사실을 말합니다. 자, 무슨 일이 일어났겠어요?
어떻게 됐죠?
그래요, 그는 그 사실을 받아들일 수 없었겠죠.

하지만, 주의 천사*가 요셉의 꿈에 나타났습니다.
마태복음 1:20
"너 다윗의 아들 요셉아, 마리아를 네 아내로 삼는 일을 두려워 말라. 그녀에게 잉태된 아기는 성령으로 된 것이라...
그녀가 한 아들을 낳으리니 너는 그의 이름을 예수라 하라. 이는 그가 자기 백성을 그들의 죄들에서 구원할 것이기 때문이니라."
마태복음 1:20,21
"그후 요셉이 잠에서 깨어 일어나 주의 천사가 그에게 분부한 대로 행하여 그녀를 자기 아내로 삼았고..."
마태복음 1:24
이렇게 해서 문제는 해결되었습니다!
사탄은 그 아기의 생명을 빼앗을 첫 번째 시도를 했습니다.
온 세상에 세금을 부과하는 것이 어떨까?
아주 좋은 생각이야!
아우구스투스 황제는 모든 국민에게 조세 등록을 위해 출생지로 돌아갈 것을 명했습니다.
이것은 마리아가 요셉과 함께, 그가 태어난 베들레헴으로 가야 한다는 것을 의미했죠. 이 험난한 140km의 여정은 온통 거친 길이었고, 마리아는 임신해서 몸이 무거웠습니다.
하지만 사탄의 계획은 실패했습니다. 튼튼한 다리를 가진 나귀가 그들을 안전하게 베들레헴으로 데려다 주었기 때문입니다.
베들레헴은 사람으로 꽉 찼고... 요셉이 찾은 곳은 작은 마굿간이었습니다. 묵을 수 있는 여관이 없었고... 아무도 그 아기가 누구인지 관심을 가지지 않았죠.
아 아 아 아 아 아 아 아 아 아 아 !
남자아이예요.
자, 보세요! 온 우주의 창조주*, 여호와* 하나님이신 그분께서... 베들레헴의 냄새나는 마굿간에서 작은 사내 아이로 태어나신 것입니다.
"그가 세상에 계셨고 세상이 그에 의하여 지은 바 되었으나 세상은 그를 알지 못하더라."
요한복음 1:10
이것이 바로 예수님의 지상 생애의 첫 번째 장면입니다.

로마의 위대한 황제나 예루살렘의 종교 지도자들이 이 사건을 알 수 있었을까요? 아닙니다.
"오늘 다윗의 고을에서 너희에게 구주가 나셨음이니, 그분은 주이신 그리스도시니라." 누가복음 2:11
저게 뭐지?
무슨 일이 일어난 거야?
(꿀꺽)... 천사들이다...
그 사실에 대해 전해들은 사람들은 가엾고 초라한 양치는 목자들*이었습니다... 그들은 너무 두려워했습니다.
* 누가복음 2:9
천사는 그들이 구유에 누워 있는 아기를 볼 것이라고 말했습니다.
그들은 베들레헴으로 달려갔습니다.
훌쩍
그들은 만왕의 왕을 알현하는 첫 손님들이 된 것입니다.
놀랍군요! 첫 번째 크리스마스가 그랬단 말이죠?... 아, 팀. 동방 박사 세 사람은 어디 있죠?
그들은 아직 나타나지 않았어요!
뭐라고요?

8일 후에, 그 아기는 모세의 율법에 따라 할례를 받았어요. 그리고 그의 이름을 예수라 했죠.
왜 꼭 8일 후라야 되죠? 4일이나 5일 후는 안 돼나요??
타냐, 당신은 간호사니까 당신이 왜 그런지 얘기해 줘요.
그래요. 하지만 우리가 그 답을 발견하는 데 거의 2,000년이 걸렸다는 것을 믿을 수 있겠어요?
1946/1947년에 의학 박사들은 놀라운 사실을 발견했어요.
*사람의 피는 응고하는 데 어떤 요소들이 필요해요. 하나는 프로트롬빈이라는 건데, 이것을 형성하는 데 비타민 K가 필요해요. 사내아이가 태어난 지 8일째 되는날...
비타민 K는 정상 수치에 다다르죠. 그리고 그날 프로트롬빈은 110%로 치솟게 돼요. 할례를 행하기에 완벽한 날이 되는 거예요.
* 제랄드 H. 브래들리 박사
그래서 할례를 행할 때 아기에게 피가 많이 나지 않도록 지켜 준다는 말이지요?
그래요, 바로 그거예요.
하나님께서는 절대 실수하지 않으신답니다.

아기 예수님께서 할례받은 지 33일 후*, 마리아는 예루살렘에 있는 유대성전으로 갔습니다.
* 레위기 12:3,4
이것은 모세에 의해 주어진 *율법을 성취하기 위해서였습니다. 율법에 따르면 비둘기 두 마리를 속죄제물로 드려야 했습니다.
출애굽기 13:2,12,13, 레위기 12:8
지구상의 어떤 여자도 마리아가 받은 영광을 받지 못했습니다.
그녀는 하나님께서 선택하신 그릇이었습니다. 그녀의 가족 계보는 다윗왕까지 거슬러 올라가는 계보였습니다... 그렇다면 마리아가 왜 속죄제물을 드려야 할까요?
왜냐하면 성경이 이렇게 말씀하기 때문입니다.
· "의인은 없나니 없도다, 한 사람도 없도다."
로마서 3:10
· "이는 모든 사람이 죄를 지었으므로 하나님의 영광에 이르지 못하다가..."
로마서 3:23
이 세상에서 죄가 없는 유일한 사람은 오직 주 예수님뿐이라고 성경은 말씀하십니다.
· "그는 죄를 짓지도 아니하셨고 그 입에는 간사함도 없으셨으며"
베드로전서 2:22
이처럼 마리아도 죄인이었기에 율법에 따라 속죄제물을 드렸습니다. 마리아는 주님의 신실한 종으로서 이 의무를 이행했습니다.
누가복음 2:39
정말 흥미롭군요. 그런데 @!!☆☆! 동방박사들은 어디 있죠?
메소포타미아 지역 어느 곳에선가 별을 보고 있었죠.

동방에서는 한 무리의 *현자들이 하늘에서 이상한 별을 보고, 그 별을 따라 예루살렘으로 왔습니다.
* 마태복음 2:1,2
그래요, 박사들 세 명. 그러니까 멜키올, 가스퍼, 벨타살... 맞죠?
그것은 모두 꾸며진 것이에요, 마샤.
당신이 매년 크리스마스에 보듯이, 박사들이 있는 마굿간 전시물은 사실이 아니예요. 그것은 전통이고, 전통은 신뢰할 수 없는 거예요!
성경은 현자들이 세 명이라고 말씀하지 않습니다... 그 숫자는 알 수 없지요.
보세요, 성경은 그들이 예루살렘에 들어섰을 때 온 예루살렘이 떨었다고 말씀하십니다.
아마도 그들은 아주 큰 행렬이었을 것입니다. 그 위험한 사막을 통과하려면 그 정도는 되어야 합니다.
그들이 "유대인의 왕으로 태어나신 분이 어디 계신가?" *라고 물었을 때 헤롯왕은 무척 놀랐습니다.
* 마태복음 2:2
우리는 동방에서 그의 별을 보고 그분께 경배드리러 왔습니다!
헤롯은 매우 근심했습니다... 큰 경쟁자가 생겼기 때문입니다.
그는 서기관들, 즉 종교 전문가들에게, 성경을 보고 어디에서 그리스도가 태어날 것인지 찾아내라고 명령합니다.
어느 성읍인가?
그 예언은 미카* 선지서에 있습니다, 폐하.
베들레헴입니다.
그들이 언제 처음 별을 봤는지만 알면 되겠군.
* 미카 5:2

헤롯이 날짜를 계산해 보니... 예수님이 태어나신 지 대략 18개월쯤 지난 상태였습니다.
가서 그 어린아이를 부지런히 찾아보라. 그대들이 찾으면...
다시 내게로 와서 말해 주게. 나도 그분께 경배 드려야겠네.
종교 사기꾼들 중 아무도 이 엄청난 일, 즉 전능하신 하나님께서 작은 아이의 모습으로 나타나신 이 일을 보려 하지 않았다는 사실이 놀랍지 않습니까?... 그들은 이 일에 전혀 신경쓰지 않았습니다!
궁 밖에서 그 현자들은 별을 다시 발견했고... 그 별은 그들을 예수님께서 살고 계신 집으로 이끌었습니다.
마태복음 2:9
그들은 엎드려 오직 예수님께만 경배드렸습니다! 그들은 그분께 황금과 유향과 몰약을 드렸습니다.
마태복음 2:11
요셉, 우리는 *꿈에 헤롯에게로 돌아가지 말라는 명령을 받았습니다.
그래서 다른 길로 고향에 돌아가려 합니다.
알겠습니다.
* 마태복음 2:12
그 다음 날 밤, 꿈에서 깨어난 요셉은 헤롯이 어린 예수님을 죽이려 한다는 것을 알았습니다.
그들은 짐을 꾸려 그날 밤 이집트로 떠납니다.
마태복음 2:13,14
헤롯은 그 현자들이 돌아갔다는 것을 알고 화가 났습니다*... 이제 사탄은 다시 예수님을 죽일 계획을 세웁니다.
제기랄! 우리가 속았어!
헤롯, 베들레헴에 있는 아이들을 죽여... 그래야만 네 자손들이 계속 이스라엘을 통치할 수 있어!
그래, 바로 그거야!
* 마태복음 2:16
왕의 명령을 받은 군사들은 2살 이하의 모든 아이들을 학살하기 위해 베들레헴으로 달려갑니다.
이 일을 전혀 모르는 이 작은 성읍은 그들에게 곧 닥칠 공포에 대해 아무것도 알지 못했습니다.

* 출애굽기 3:12,13,14; 20:2, 요한복음 8:58

이봐요. 나 지금 그 유월절 기억났어요. TV에서 본 적이 있어요. "십계"라는 영화였어요.
하나님께서 이집트에서 노예로 있던 유대인들을 풀어 주시려고 이집트를 여러 가지 질병으로 치셨지요.
정말 대단했어요. 그들은 찰톤 헤스톤과 함께 이집트를 떠났어요.
찰톤 헤스톤이 아니라 모세지요! 그는 모세역을 맡은 배우일 뿐이에요.
하나님께서 어떤 표식을 통해 보호되지 않은 이집트 집들의 모든 첫 태생을 죽인다고 말씀하셨던 것, 기억해요?
글쎄... 잊어버렸어요.
죽음이 집 안으로 들어오는 것을 막기 위해서는 대문에다가 어린 양의 피를 발라야 했어요.
네... 그리고 그 날 밤 죽음의 천사가 이집트를 돌아다녔지요.
그건 사실 주님이셨습니다.* 주님께서는 양의 피가 칠해져 있는 집을 그냥 지나치셨고, 그들은 하나님의 심판을 피할 수 있었습니다.
오, 안 돼! 내 아이... 아이가 죽었어!
아아악... 내 아들이 죽었어! 내 아들이!!
으아아아악!
이것이 바로 유대인들이 매년 유월절을 지키는 이유입니다. 그날 밤을 기억하기 위해서죠.
* 출애굽기 12:29
그런데 왜 예수님이 유월절 어린 양이 되셔야 했죠?
바로 당신 때문이에요.

침례인 요한이 어떻게 예수님을 백성들에게 알렸는지 보십시오.
보라, 세상 죄를 제거하는 하나님의 어린 양이라. 요한복음 1:29
이것이 예수님의 지상 생애의 두 번째 장면입니다.
요단 강에서 침례를 받으시고, 예수님께서는 광야에서 40일 동안 마귀에게 시험을 받으셨습니다.
"사탄아, 여기서 물러가라. 기록되었으되 '너는 주 너의 하나님께 경배하고 오직 그분만을 섬기라.' 고 하였느니라." 마태복음 4:10
마귀는 잠시 주님을 떠났습니다.
열두 제자가 선택되었습니다.
주께서는 그들과 3년을 함께 하셨습니다.
예수님께서는 병자들을 고쳐 주셨고, 복음을 전하시고, 죽은 자들을 살리셨습니다. 주님은 사람들에게 새로운 길을 가르쳐 주셨습니다.
네 이웃을 네 자신과 같이 사랑하라!
로마군의 폭정 가운데에서 미움과 두려움과 부패로 점철되어 있던 이 불쌍한 군중들은 사랑을 설교하는 이 사람을 보고 놀라워하지 않을 수 없었습니다.
그때, 이 매력적이고 믿음직스런 인물이 등장합니다. 그는 재정을 담당했던 제자로서...
어이, 안녕!
바로 유다 이스카리옷, 이 세상에서 제일가는 배신자였습니다.

잘 들어보세요, 마샤.
참으로 끔찍한 상황이 펼쳐집니다.
예수님을 죽이려고 베들레헴 전역의 아기들을 죽였던 그 "헤롯 대왕"이 죽은 후... 물론 그가 죽어도 아무도 울지 않았습니다.
헤롯왕은 결국 심판날에 창조주 앞에 서서 그의 삶에 대해 설명을 하게 될 것입니다. 그리고는 자신의 심판주가 *예수 그리스도시라는 것을 발견하고 놀라게 될 것입니다.
*요한복음 5:22
헤롯이 죽은 후, 로마 지배 하에서 예루살렘의 실권자는 이 두 사람이었습니다. 이들은 권력과 부를 쥐고 그 부패한 종교계를 장악했습니다.
카야파 대제사장
안나스(카야파의 장인)
안나스도 대제사장이었으며, 카야파는 그의 신임 가운데 있었습니다... 누군가 변화를 가져오기 전까지 그들은 권력을 쥐고 있었습니다.
그러다가 드디어 누군가가 변화를 가져왔습니다!!
그들의 부패 중 하나는 유대 성전에서 벌어지고 있었습니다... 그들은 희생제사용으로 쓰이는 어린 양과 비둘기들을 팔기도 하고, 로마 돈을 아주 비싸게 환전하기도 했습니다.
내 아버지 집을 장사하는 집으로 만들지 말라!
예수님께서는 예루살렘 성전의 환전상들을 뒤엎고 내쫓으셨습니다.
그리고 주님은 그들을 향해 위선자라고 책망하셨습니다.
너희 독사들의 세대야!
주님은 그들을 사기꾼이며 거짓말쟁이며 살인자라고 비난하셨습니다.
그러니 그들의 살생부에 누구의 이름이 올라와 있겠습니까?

예수님의 생애의 세 번째 장면 : 유월절 양이 되실 준비를 하심

하나님의 천사들은 깊은 충격 속에서 그들의 창조주께서 모욕당하시고 고문당하시고 죽임당하시는 모습을 보고 있을 수밖에 없었습니다.
이쪽으로...
반면 사탄은 기뻐했습니다. 사탄은 그의 위대한 원수를 파멸시킬 기회를 얻기 위해 여러 세기 동안 기다려 왔는데... 드디어 유다가 예수님을 죽음으로 몰고가는 것입니다!
유다는 자기가 입맞추는 사람을 체포하라고 병사들에게 이미 신호를 해 놓았습니다.
선생님!
저 자다!
이것은 죽음의 입맞춤이었습니다!... 예수님은 체포되셨고, *그의 제자들은 두 명만 제외하고 모두 달아나고 맙니다.
* 요한복음 18:15, 마태복음 26:56
예수님은 이리저리 끌려다니며 심문당하셨습니다. 그들의 소송은 이 밤을 넘기지 않으려고 빠르게 진행되었습니다.
신성 모독자에게 죽음을!
유대의 최고 법정(산헤드린)은 정식 재판도 열리기 전에 그분께 유죄를 선언합니다.
안나스와 카야파와 헤롯의 군사들은...
예수님을 때리고 침뱉고 모욕했습니다.
정치적으로 어려운 문제였습니다.
주님은 결국 로마의 총독인 폰티오 빌라도 앞에 서게 되셨습니다.
빌라도는 아무 책임도 지지 않기를 원했지만, 그럴 수만은 없었습니다. 그는 예수님이 무죄라고 말했지만, 고함치는 군중을 기쁘게 하려고 그들에게 질문을 했습니다.
내가 그리스도라 하는 예수를 어찌하랴?
십자가에 못박으소서!
십자가에 못박으소서!
이 부분에서 그들은 *18개의 율법을 어겼고, 예수님은 결국 죽게 됩니다.
*얼 윙고 〈예수님에 대한 불법적 재판, The Illegal Trial of Jesus〉 (Christian Truth & Victory Publications)
마샤, 혹시 십자가형이 어떤 것인지 알아요?
잘 모르겠는데... 그렇게 심한 건가요?
그 실상에 대해 설명할 테니, 잘 들어봐요!

이것은 예수님의 머리에 씌운 면류관입니다. 6인치 길이의 가시가 박혀 있습니다.

이 가죽 채찍은 일반적으로 금속과 납덩어리와 뾰족한 뼈들이 붙어 있습니다.

이 녹슨 대못은 죄수들에게 파상풍을 일으킬 만큼 더러운 세균 덩어리입니다.

빌라도는 바로 그 채찍으로 예수님을 때리라고 명령한 것입니다.

죄수들이 채찍질당할 때, 보통 그들의 손은 머리 위에 있는 막대에 묶입니다.

채찍의 뾰족한 뼈와 금속이 살과 근육을 뜯어내어 열리게 하고, 동맥에선 피가 솟구칩니다... 대부분의 죄수들은 채찍질당하는 과정에서 죽기도 합니다.

예수님은 50kg이 넘는 십자가를 지고, 그 십자가가 등에서 떨어지지 않게 끈으로 꽁꽁 묶고, 600m 떨어진 처형장, 즉 골고다까지 걸어가야 했습니다. 거친 나무가 그 상처난 등에 올려졌고... 예수님은 이미 탈수 상태가 되었습니다. 아직까지 살아 있는 것이 기적일 정도입니다.

"내가 치는 자들에게는 내 등을, 머리카락을 뽑는 자들에게는 내 뺨들을 맡겼도다. 내가 치욕과 침뱉음으로부터 내 얼굴을 숨기지 아니하였도다." 이사야 50:6

이사야 선지자는 이렇게 말했습니다. "그의 용모가 다른 사람보다 더 많이 상하였고, 그의 모습이 사람들의 아들들보다 더 상하였도다."
이사야 52:14

사탄은 그의 모든 군대를 예루살렘으로 소집해, 그 모든 악한 세력으로 하여금 정신없는 군중들을 통해 예수님을 대적케 했습니다.

하늘의 천사들은 예수님의 공격 명령을 기다리고 있었지만, 우리를 향한 그분의 사랑은 그 명령을 꽁꽁 묶어 두었습니다.

녹슨 대못이 손바닥이 아닌 손목의 관절에 박힙니다... 손바닥에 박으면 체중 때문에 손이 찢겨서 몸이 떨어지기 때문입니다.

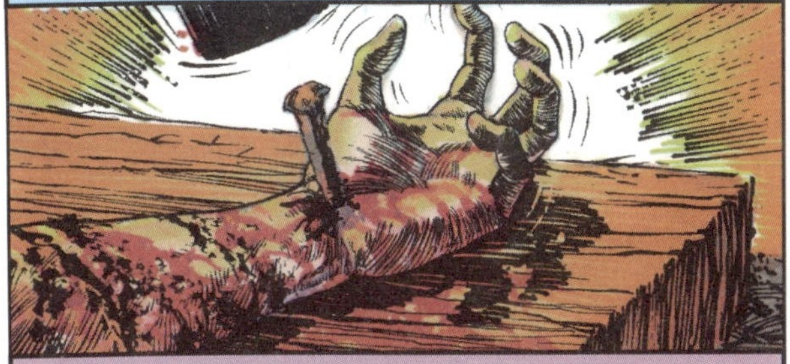

로마에서는 손목을 손의 일부분으로 간주합니다.

"피흘림이 없이는 죄사함이 없느니라."
히브리서 9:22

"하나님께서[아버지] 세상을[여러분] 이처럼 사랑하셔서 그의 독생자[아들 하나님이신 예수님]를 주셨으니 이는 그를 믿는[신뢰하는] 사람은 누구든지 멸망하지[지옥에 가지] 않고 영생[하늘나라]을 얻게 하려 하심이니라."
요한복음 3:16

그분의 고난에 대한 의학적 견해

제랄드 H. 브래들리, M.D.

이것은 인간이 직면할 수 있는 가장 고통스런 죽음이었다. 그분은 스스로를 지탱해야 숨을 쉴 수 있었다. 팔목 중앙 신경을 강타한 대못들로 야기된 격렬한 고통은 양팔을 타고 폭발하듯 올라가 뇌로 들어가서 척추로 내려간다.

발의 중족골 사이의 신경들을 따라 타는 듯한 고통을 주는 대못들로 인해 그분의 몸은 경련을 일으키며 곧추선다. 그후 다리 근육들이 경련을 일으켜 그분의 몸을 아래쪽으로 잡아당겼다가 그분을 십자가에 때린다.

공기는 흡입되더라도, 폐에 축적된 이산화탄소와 혈류가 호흡을 자극하여, 경련을 완화시키기까지는 내뿜을 수 없게 된다.

희생자는 피로와 충격, 탈수 그리고 마비로 죽게 된다.

심장은 탁한 피를 펌프질할 능력이 거의 없다. 각각의 수십억 개의 세포들이 한 번에 하나씩 죽기 때문이다.

*모진 고통 가운데 죽으면서도 예수님은 자신의 마음을 완벽하게 통제하셨다. 주님은 하늘에 계신 아버지께 *"저들을 용서해 주옵소서. 그들은 자기들이 하는 것을 알지 못하나이다."라고 말씀드렸다. 이렇게 하나님의 어린 양은 당신을 위해 희생되셨다.*

마침내 피는 응고되고, 혈청과 응고된 혈구로 분리된다.

* 누가복음 *23:34*

예수님의 죽음에 대한 영적인 면
하늘은 인간이 행한 가장 악한 죄로 인해 세 시간 동안 어두워졌고, 인간에 의해서 저질러진 모든 더러운 죄들이 귀한 구세주에게 옮겨졌습니다.
다 이루었다!
『그때 예수께서 큰 음성으로 소리질러 말씀하시기를 “아버지시여, 내 영을 아버지의 손에 의탁하나이다.”라고 하시고, 이 말씀을 마치신 후 숨을 거두시니라.』 누가복음 23:46
이것은 아버지 하나님과 아들 하나님과 성령 하나님 사이가 틀어진 유일한 순간이었습니다... 왜냐하면 아들 하나님께서 속죄제물이 되셨기 때문입니다... 하나님께서는 그분의 거룩하심으로 인해, 그분 앞에 어떠한 죄도 용납하실 수 없었습니다.
사탄은 이것이 자신의 힘으로 이룬 것이라 믿었습니다! 그는 매우 기뻐했습니다... 그의 증오하는 원수가 완전히 멸망한 줄 알았기 때문입니다!
하지만 그때 예루살렘 성전에는 놀라운 일이 벌어졌습니다... 지성소를 가리고 있는 15cm 두께의 휘장이 위에서 아래로 찢어진 것입니다. 마태복음 27:51
이... 이게 뭐야?... 하나님의 손인가?
찌-익!
성전은 유대교 신앙의 핵심이었습니다... 하지만 이제 유대교는 끝이 난 것입니다! 예수님께서는 이렇게 말씀하셨습니다. “나는 길이요, 진리요, 생명이라. 나로 말미암지 않고는 아버지께로 올 사람이 아무도 없느니라” 요한복음 14:6
이봐요, 그분이 진짜로 죽으셨어요? 아니면 그냥 꾸민 건가요?
내가 간호사로서 말하죠, 마샤... 로마 병사가 그의 갈비뼈를 창으로 찔렀을 때...
심장 주위에서 말이에요. 물과 피가 나왔어요! 그것은 완전히 죽었을 때만 일어날 수 있는 일이에요.
그것을 부검 자료로 삼는다면, 그분은 단순한 십자가형으로 죽은 게 아니예요. 보통 십자가에서는 질식으로 인해 죽게 되지만...
그분은 심장 주위를 둘러싸고 있는 액체의 압박으로 인해 심장에 쇼크를 일으키신 겁니다. 물과 피가 나왔다는 것은 바로 이러한 죽음을 증거하죠.
예수님께서는 심장파열로 인해 실제적으로 죽으셨습니다. 마샤, 바로 당신의 죄 때문이에요.

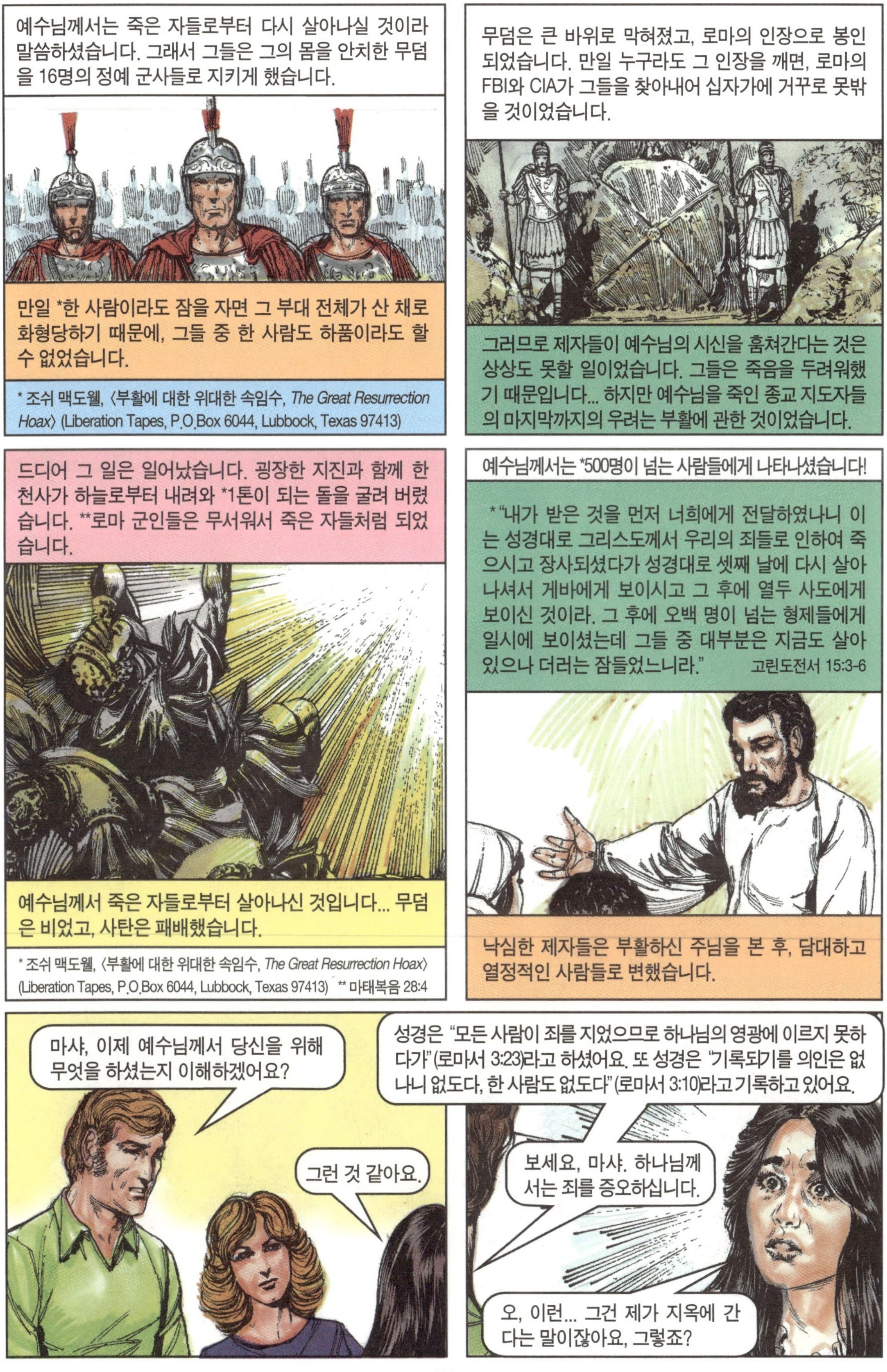
예수님께서는 죽은 자들로부터 다시 살아나실 것이라 말씀하셨습니다. 그래서 그들은 그의 몸을 안치한 무덤을 16명의 정예 군사들로 지키게 했습니다.
만일 *한 사람이라도 잠을 자면 그 부대 전체가 산 채로 화형당하기 때문에, 그들 중 한 사람도 하품이라도 할 수 없었습니다.
* 조쉬 맥도웰, 〈부활에 대한 위대한 속임수, *The Great Resurrection Hoax*〉 (Liberation Tapes, P.O.Box 6044, Lubbock, Texas 97413)
무덤은 큰 바위로 막혀졌고, 로마의 인장으로 봉인되었습니다. 만일 누구라도 그 인장을 깨면, 로마의 FBI와 CIA가 그들을 찾아내어 십자가에 거꾸로 못박을 것이었습니다.
그러므로 제자들이 예수님의 시신을 훔쳐간다는 것은 상상도 못할 일이었습니다. 그들은 죽음을 두려워했기 때문입니다... 하지만 예수님을 죽인 종교 지도자들의 마지막까지의 우려는 부활에 관한 것이었습니다.
드디어 그 일은 일어났습니다. 굉장한 지진과 함께 한 천사가 하늘로부터 내려와 *1톤이 되는 돌을 굴려 버렸습니다. **로마 군인들은 무서워서 죽은 자들처럼 되었습니다.
예수님께서 죽은 자들로부터 살아나신 것입니다... 무덤은 비었고, 사탄은 패배했습니다.
* 조쉬 맥도웰, 〈부활에 대한 위대한 속임수, *The Great Resurrection Hoax*〉 (Liberation Tapes, P.O.Box 6044, Lubbock, Texas 97413) ** 마태복음 28:4
예수님께서는 *500명이 넘는 사람들에게 나타나셨습니다!
*"내가 받은 것을 먼저 너희에게 전달하였나니 이는 성경대로 그리스도께서 우리의 죄들로 인하여 죽으시고 장사되셨다가 성경대로 셋째 날에 다시 살아나셔서 게바에게 보이시고 그 후에 열두 사도에게 보이신 것이라. 그 후에 오백 명이 넘는 형제들에게 일시에 보이셨는데 그들 중 대부분은 지금도 살아 있으나 더러는 잠들었느니라." 고린도전서 15:3-6
낙심한 제자들은 부활하신 주님을 본 후, 담대하고 열정적인 사람들로 변했습니다.
마샤, 이제 예수님께서 당신을 위해 무엇을 하셨는지 이해하겠어요?
그런 것 같아요.
성경은 "모든 사람이 죄를 지었으므로 하나님의 영광에 이르지 못하다가"(로마서 3:23)라고 하셨어요. 또 성경은 "기록되기를 의인은 없나니 없도다, 한 사람도 없도다"(로마서 3:10)라고 기록하고 있어요.
보세요, 마샤. 하나님께서는 죄를 증오하십니다.
오, 이런... 그건 제가 지옥에 간다는 말이잖아요, 그렇죠?

하지만 방법이 있어요. 당신이 죄인임을 고백하고, 예수님을 당신의 마음에 받아들이면 돼요.
그러면 그분은 십자가에서 흘리신 그 피로 당신의 모든 죄를 깨끗하게 씻어 줄 거예요. 그리고 심판 날, 주님이 당신에게서 그 보혈을 보시면... 마치 유월절에 하셨듯이, 그분의 심판은 당신을 지나칠 거예요.
마샤, 성경은 이렇게 말씀하십니다. "네가 네 입으로 주 예수를 시인하고...
또 하나님께서 그를 죽은 자들로부터 살리신 것을 네 마음에 믿으면 *구원을 받으리라." 로마서 10:9
* 구원받는다는 것은, 지옥(불못)에 가지 않고 하늘 나라에 간다는 것을 의미함.
마샤, 이것은 선물이에요. 당신은 회개하기만 하면 돼요!... 당신의 죄들로부터 돌이켜서 예수님을 당신의 주와 구주로 받아들이세요!
나는 너무 나쁘게 살았어요. 어떻게 하나님이 저를 사랑하시겠어요? 아마도 저는 먼저 깨끗하게 살려고 노력해야 할 거예요.
아니예요, 마샤. 주님은 당신의 지금 모습 그대로를 원하세요. 예수님께서 친히 당신을 깨끗하게 해 주실 거예요.
(훌쩍)... 아무도 나를 위해 죽을 만큼 사랑하지 않았어요... 하지만 예수님께서 그러셨군요!
오, 예수님... 저를 용서해 주세요... 제발, 주님! 저의 마음에 들어오셔서 저를 구원해 주세요!
흑!
저의 죄들로부터 저를 구해 주세요, 주님!
잘못했어요!
다 된 거 같아요! 나는 깨끗하고 아름다워졌어요. 내 삶은 변했어요! 타냐... 난 당신을 사랑해요. 정말이에요!
왜? 검둥이 아줌마라면서?
아니요!... 당신은 그리스도 안에서 나의 아름다운 자매님이에요!
그 콧대 어디갔나?
아니예요... 이제는 타냐가 만든 돼지뼈와 순무 수프도 좋아졌어요!
끝